Favorite German Art Songs
Art Songs
Volume 2

High Voice

To access companion recorded accompaniments and
diction lessons online, visit:
www.halleonard.com/mylibrary

Enter Code
4837-9155-5464-2415

Martha Gerhart, Translations and International Phonetic Alphabet

Cover painting: W.L. Riefstahl, *A Wedding Procession in the Bavarian Tyrol*

ISBN 978-1-4234-1221-2

HAL•LEONARD®
CORPORATION
7777 W. BLUEMOUND RD. P.O. BOX 13819 MILWAUKEE, WI 53213

In Australia Contact:
Hal Leonard Australia Pty. Ltd.
4 Lentara Court
Cheltenham, Victoria, 3192 Australia
Email: ausadmin@halleonard.com

Visit Hal Leonard Online at
www.halleonard.com

Contents

The price of this publication includes access to companion recorded accompaniments and diction lessons online, for download or streaming, using the unique code found on the title page. Visit **www.halleonard.com/mylibrary** and enter the access code.

A GUIDE TO GERMAN PRONUNCIATION IN SINGING:

The International Phonetic Alphabet (IPA) symbols used in this book

The Vowels

symbol	equivalent in English	description
[ɑ:]	as in "f<u>a</u>ther"	long (or "dark") "a"
[a]	similar to the first element in "<u>i</u>ce"	short (or "bright") "a"
[e:]	no equivalent; similar to the first element in "g<u>a</u>te"	long and closed "e" : [i:] in the [ɛ] position
[e]	as [e:], but	short and closed "e" when in *articles*
[ɛ]	as in "b<u>e</u>t"	short and open "e"
[ɛ:]	as in the first element of "m<u>ay</u>"	long sound of "ä"
[ə]	approximately as in "<u>a</u>pprove"	neutral sound (the "schwa"): slightly darker than [ɛ]; appears only in unstressed syllables
[i:]	as in "f<u>ee</u>t"	long and closed "i"
[i]	as [i:], but	short and closed "i" when in *articles*
[ɪ]	as in "b<u>i</u>t"	short and open "i"
[o:]	no equivalent; approximately as in "b<u>oa</u>t	long and closed "o"
[ɔ]	as in "<u>ou</u>ght"	short and open "o"
[u:]	as in "bl<u>ue</u>"	long and closed "u"
[ʊ]	as in "p<u>u</u>t"	short and open "u"
[y:]	no equivalent	"y" or "ü" : long and closed; [i:] with the lips rounded
[ʏ]	no equivalent	"y" : short and open; [ɪ] with the lips rounded
[ø]	no equivalent	"ö" : long and closed; [e:] with the lips rounded
[œ]	as in "g<u>i</u>rl" without the "rl"	"ö" : short and open; [ɛ] with the lips rounded

The Diphthongs

[ɑo]	similar to "h<u>ou</u>se" in English
[ae]	similar to "m<u>i</u>ne" in English
[ɔø]	similar to "h<u>oi</u>st" in English

Diphthongs are transliterated with a slur over them (example: a͡e)

The Consonants

[b]	<u>b</u>ad	becomes unvoiced [p] at the end of a word or word element
[d]	<u>d</u>oor	becomes unvoiced [t] at the end of a word or word element
[f]	<u>f</u>ine	also the sound of "v" in some words
[g]	<u>g</u>o	becomes unvoiced [k] at the end of a word or word element
[ʒ]	vi<u>si</u>on	also the sound of initial "j" in words of French origin
[h]	<u>h</u>and	pronounced at the beginning of a word or word element
[j]	<u>y</u>es	except when pronounced [ʒ] (see above)
[k]	<u>k</u>ite	also the sound of "g" at the end of a word or word element

[l]	lit	
[m]	mine	
[n]	no	
[ŋ]	sing	
[p]	pass	see also [b], above
[r]	no equivalent	flipped (or occasionally rolled, for dramatic reasons) "r" *
[ʁ]	no equivalent	a variant of [ə], to be used judiciously at the end of words such as "der," "mir," and etc., depending on the context **
[s]	sing	before a consonant (except for the initial combinations "sp" and "st") and at the end of a word or word element; also the sound of "β," called the "Eszett," recently declared antiquated in German spelling.
[ʃ]	shoe	in the single element "sch"; also in the combination [tʃ], pronounced as in cheese
[t]	tip	see also [d], above
[v]	vase, or feel	depending on various word origins
[w]	vet	
[z]	bits	but pronounced as [z] when before a vowel and in some other circumstances; also, the sound of "s" in many words
[ç]	no equivalent	the "ich laut": following a "front vowel" or a consonant
[χ]	no equivalent	the "ach laut": following a "back vowel"

*The "guttural 'r'" used in German conversation and popular song is not appropriate in art song and opera. Classical singers should flip or markedly roll the German "r" with the tongue at the front of the mouth.

**While recommended use is reflected in the transliterations in this book, the singer is always "correct" to use the [r] by choice.

Diacritical Marks

[:] following a vowel =	that vowel is long
['] preceding a syllable =	the following syllable has the primary stress
[ˌ] preceding a syllable =	the following syllable has the secondary stress

These transliterations do not include the diacritical marking indicating a "glottal stroke" – a new "attack" of articulation on the following vowel – provided in some sources as the symbol [|].
(example: ganz allein = [gantsla ˈla͜en], not [gant sa ˈla͜en])
While many instances of the need for a "glottal stroke" will be obvious to the singer, guided by coaches and teachers, other instances are variable, and the practice should not be overdone.

As an additional aid for the user, syllables in the words have been separated by spaces.

Ich liebe dich
I Love You

music by Ludwig van Beethoven (1770-1827)
poem by K. F. Herrosee (1764-1821)

Ich liebe dich, so wie du mich,	*I love you, as you love me,*
Am Abend und am Morgen,	*in the evening and in the morning;*
Noch war kein Tag, wo du und ich	*there was not a single day when you and I*
Nicht teilten uns're Sorgen.	*did not share our troubles.*
Auch waren sie für dich und mich	*And for you and me they were,*
Geteilt leicht zu ertragen;	*when shared, easy to bear;*
Du tröstetest im Kummer mich,	*you comforted me in my grief,*
Ich weint in deine Klagen.	*I wept in your distress.*
Drum Gottes Segen über dir,	*So God's blessing be on you,*
Du meines Lebens Freude.	*joy of my life.*
Gott schütze dich, erhalt' dich mir,	*God protect you and keep you for me,*
Schütz' und erhalt' uns beide.	*protect and keep us both.*

Ich   **liebe**   **dich**
ɪç   'li: bə   dɪç

Ich   liebe   dich,   so   wie   du   mich,
ɪç   'li: bə   dɪç   zo: vi: du: mɪç

am   Abend   und   am   Morgen,
am   'a: bənt   ʊnt   am   'mɔr gən

noch   war   kein   Tag,   wo   du   und   ich
nɔχ   wɑ:r   kae͡n   tɑ:k   wo: du: ʊnt   ɪç

nicht   teilten   uns're   Sorgen.
nɪçt   'ta͡el tən   'ʊn zrə   'zɔr gən

Auch   waren   sie   für   dich   und   mich
a͡oχ   'vɑ: rən   zi: fy:r   dɪç   ʊnt   mɪç

geteilt   leicht   zu   ertragen;
gə 'ta͡elt   la͡eçt   tsu: ɛʁ 'trɑ: gən

du   tröstetest   im   Kummer   mich,
du: 'trø: stə təst   ɪm   'kʊ mər   mɪç

ich   weint   in   deine   Klagen.
ɪç   va͡ent   ɪn   da͡e nə   'klɑ: gən

Drum   Gottes   Segen   über   dir,
drʊm   'gɔ təs   'ze: gən   'y: bəʁ   di:r

du   meines   Lebens   Freude.
du: 'ma͡e nəs   'le: bəns   'frɔ͡ø də

Gott   schütze   dich,   erhalt'   dich   mir,
gɔt   'ʃʏt sə   dɪç   ɛr 'halt   dɪç   mi:r

schütz'   und   erhalt'   uns   beide.
ʃʏts   ʊnt   ɛr 'halt   ʊns   'ba͡e də

ICH LIEBE DICH

K. F. Herrosee
original key

Ludwig van Beethoven

Andante

Ich lie - be dich, so wie du mich, am A - bend und am

Mor - gen, noch war kein Tag, wo du und ich nicht teil - ten uns' re

Sor - gen.   Auch wa - ren sie für

Vergebliches Ständchen
Futile Serenade

music by Johannes Brahms (1833-1897)
poem by Anton Wilhelm Florentin von Zuccalmagilio (1803-1869)

(Er)
Guten Abend, mein Schatz,
Guten Abend, mein Kind!
Ich komm aus Lieb zu dir,
Ach, mach mir auf die Tür!

(Sie)
Mein Tür ist verschlossen,
Ich laß dich nicht ein;
Mutter, die rät mir klug,
Wärst du herein mit Fug,
Wärs mit mir vorbei!

(Er)
So kalt ist die Nacht,
So eisig der Wind,
Daß mir das Herz erfriert,
Mein Lieb erlöschen wird,
Öffne mir, mein Kind!

(Sie)
Löschet dein Lieb,
Laß sie löschen nur!
Löschet sie immerzu,
Geh heim zu Bett, zur Ruh,
Gute Nacht, mein Knab!

(He)
Good evening, my darling,
good evening, my dear!
I'm here out of love for you;
ah, open the door for me!

(She)
My door is locked;
I will not let you in.
Mother counseled me wisely
that if you were permitted to come in
it would be all over for me!

(He)
So cold is the night,
so icy the wind,
that my heart is freezing;
my love will be extinguished.
Open for me, my dear!

(She)
If your love is being extinguished,
just let it go out!
If it keeps going out,
go home to bed, to sleep!
Good night, my lad!

Vergebliches   Ständchen
fɛr ˈgeːp lɪ çəs   ˈʃtɛnt çən

Guten   Abend,   mein   Schatz,   guten   Abend,   mein   Kind!
ˈguː tən   ˈɑː bənt   maͤen   ʃats   ˈguː tən   ˈɑː bənt   maͤen   kɪnt

Ich   komm   aus   Lieb   zu   dir,   ach,   mach   mir   auf   die   Tür!
ɪç   kɔm   aͤos   liːp   tsuː   diːʁ   aχ   maχ   miːr   aͤof   di   tyːr

Mein   Tür   ist   verschlossen,   ich   laß   dich   nicht   ein;
maͤen   tyːr   ɪst   fɛʁ ˈʃlɔ sən   ɪç   las   dɪç   nɪçt   aͤen

Mutter,   die   rät   mir   klug,   wärst   du   herein   mit   Fug,
ˈmʊ təʁ   di   rɛːt   miːʁ   kluːk   vɛːrst   duː   hɛ ˈraͤen   mɪt   fuːk

wärs   mit   mir   vorbei!
vɛːrs   mɪt   mir   voːr ˈbaͤe

So   kalt   ist   die   Nacht,   so   eisig   der   Wind,
zoː   kalt   ɪst   di   naχt   zo   ˈaͤe zɪç   deʁ   vɪnt

daß   mir   das   Herz   erfriert,   mein   Lieb   erlöschen   wird.
das   mir   das   hɛrts   ɛʁ ˈfriːrt   maͤen   liːp   ɛr ˈlœ ʃən   vɪrt

Öffne   mir,   mein   Kind!
ˈœf nə   miːr   maͤen   kɪnt

Löschet   dein   Lieb,   laß   sie   löschen   nur!
ˈlœ ʃət   daͤen   liːp   las   ziː   ˈlœ ʃən   nuːr

Löschet   sie   immerzu,   geh   heim   zu   Bett,   zur   Ruh.
ˈlœ ʃət   ziː   ˈɪ məʁ tsuː   geː   haͤem   tsuː   bɛt   tsuːr   ruː

Gute   Nacht,   mein   Knab!
ˈguː tə   naχt   maͤen   knɑːp

VERGEBLICHES STÄNDCHEN

Anton Wilhelm Florentin von Zuccalmaglio
original key

Johannes Brahms

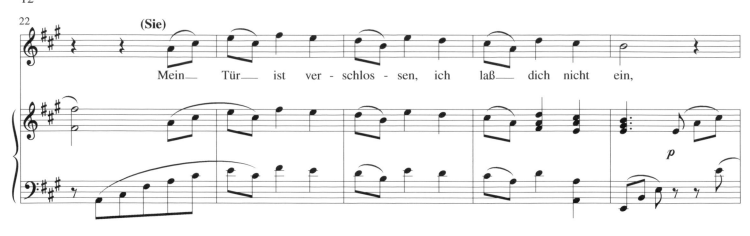

(Sie)

Mein Tür ist ver - schlos - sen, ich laß dich nicht ein,

ich laß dich nicht ein; Mut - ter, die

rät mir klug, wärst du her - ein mit Fug, wärs mit mir vor - bei,

wärs mit mir, wärs mit mir, wärs mit mir vor - bei!

(Er)
So kalt ist die Nacht, so ei - sig der Wind,

so ei - sig der Wind, daß mir das

Herz er - friert, mein Lieb er - lö - schen wird, öff - ne mir, mein Kind,

Lebhafter

öff - ne mir, öff - ne mir, öff - ne mir, mein Kind!

Mondnacht
Moonlit Night

music by Johannes Brahms (1833-1897)
poem by Joseph Karl Benedickt von Eichendorrf (1788-1857)

Es war, als hätt der Himmel	*It was as though heaven*
Die Erde still geküßt,	*had quietly kissed the earth*
Daß sie im Blütenschimmer	*so that it, in blossoming lustre,*
Von ihm nur träumen müßt.	*must dream only heavenly dreams.*
Die Luft ging durch die Felder,	*The breeze blew through the fields;*
Die Ähren wogten sacht,	*the corn stalks swayed gently;*
Es rauschten leis die Wälder,	*the forests rustled softly,*
So sternklar war die Nacht.	*so starbright was the night.*
Und meine Seele spannte	*And my soul spread*
Weit ihre Flügel aus,	*wide its wings, and*
Flog durch die stillen Räume,	*took flight through the quiet expanses*
Als flöge sie nach Haus.	*as though it were flying home.*

Mondnacht
ˈmoːnt naχt

Es war, als hätt der Himmel
ɛs vɑːr als hɛt deʁ ˈhɪ məl

die Erde still geküßt,
di ˈeːr də ʃtɪl gə ˈkʏst

daß sie im Blütenschimmer
das ziː ɪm ˈblyː tən ˌʃɪ mər

von ihm nur träumen müßt.
fɔn iːm nur ˈtrɔø̯ mən mʏst

Die Luft ging durch die Felder,
di lʊft gɪŋ dʊrç di ˈfɛl dər

die Ähren wogten sacht,
di ˈɛː rən ˈvoːk tən zaχt

es rauschten leis die Wälder,
ɛs ˈraʊ̯ʃ tən laɛ̯s di ˈvɛl dər

so sternklar war die Nacht.
zoː ˈʃtɛrn klɑːr vɑːr di naχt

Und meine Seele spannte
ʊnt ˈmaɛ̯ nə ˈseː lə ˈʃpan tə

weit ihre Flügel aus,
vaɛ̯t ˈiː rə ˈflyː gəl aʊ̯s

flog durch die stillen Räume,
floːk dʊrç di ˈʃtɪ lən ˈrɔø̯ mə

als flöge sie nach Haus.
als ˈfløː gə ziː nɑːχ haʊ̯s

MONDNACHT

Joseph Karl Benedickt von Eichendorff
original key

Johannes Brahms

Für Musik
For Music

music by Robert Franz (1815-1892)
poem by Emanuel Geibel (1815-1844)

Nun die Schatten dunkeln,	*Now the shadows darken,*
Stern an Stern erwacht.	*Stars on stars awake.*
Welch ein Hauch der Sehnsucht flutet	*What a breath of longing floods*
durch die Nacht.	*through the night.*
Durch das Meer der Träume	*Through the sea of dreams*
Steuert ohne Ruh',	*steering without rest,*
Steuert meine Seele	*steering my soul*
Deiner Seele zu.	*towards your soul.*
Die sich dir ergeben,	*It shows itself to you,*
Nimm sie ganz dahin!	*capturing you whole completely!*
Ach, du weisst, daß nimmer	*Ah, you know, that never*
Ich mein eigen bin,	*I am my own,*
Mein eigen bin.	*am my own.*

Für   Musik
fyːr   mu ˈziːk

Nun	die	Schatten	dunkeln,	Stern	an	Stern	erwacht.
nʊn	di	ˈʃa tən	ˈdʊŋ kəln	ʃtɛrn	an	ʃtɛrn	ɛr ˈwaχt

Welch	ein	Hauch	der	Sehnsucht	flutet	durch	die	Nacht.
vɛlç	a͡en	ha͡oχ	deːr	ˈseːn sʊχt	ˈfluː tət	dʊrç	di	naχt

Durch	das	Meer	der	Träume	steuert	ohne	Ruh',
dʊrç	das	meːr	deːʁ	ˈtrɔ͡ø mə	ˈʃtɔ͡ø ərt	ˈoː nə	ruː

steuert	meine	Seele	deiner	Seele	zu.
ˈʃtɔ͡ø ərt	ˈma͡e ne	ˈzeː lə	ˈda͡e nər	ˈzeː lə	tsuː

Die	sich	dir	ergeben,	nimm	sie	ganz	dahin!
diː	zıç	diːr	ɛr ˈgeː bən	nɪm	siː	gants	da ˈhɪn

Ach,	du	weisst,	daß	nimmer	ich	mein	eigen	bin.
aχ	duː	va͡est	das	ˈnɪ mər	ɪç	ma͡en	ˈa͡e gən	bɪn

FÜR MUSIK

Emanuel Geibel
original key: G-flat Major

Robert Franz

Andante molto sostenuto

Nun die Schat - ten dun - keln, Stern an Stern er - wacht. _____

Welch ein Hauch der Sehn - - sucht flu - tet durch _____ die Nacht. _____

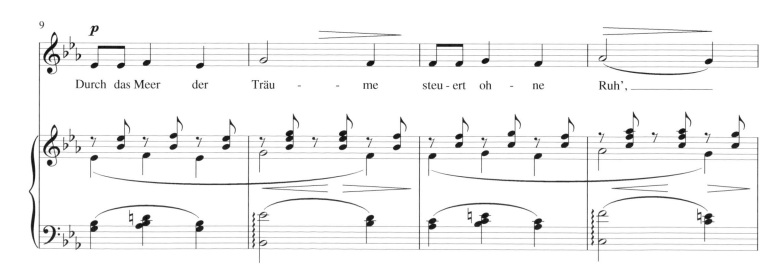

Durch das Meer der Träu - - me steu - ert oh - ne Ruh', _____

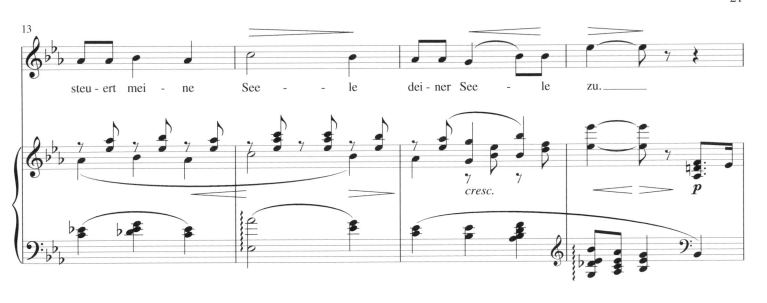

steu - ert mei - ne See - - le dei - ner See - le zu.

Die sich dir er - ge - - ben, nimm sie ganz da - hin!

Ach, du weisst, daß nim - mer ich mein ei - gen bin, mein ei - gen bin.

Das Veilchen
The Violet

music by Wolfgang Amadeus Mozart (1756-1791)
poem by Johann Wolfgang von Goethe (1749-1832)

Ein Veilchen auf der Wiese stand,
Gebückt in sich und unbekannt;
Es war ein herzigs Veilchen.
Da kam ein' junge Schäferin
Mit leichtem Schritt und munterm Sinn
Daher, daher,
Die Wiese her und sang.

»Ach,« denkt das Veilchen, »wär' ich nur
Die schönste Blume der Natur,
Ach, nur ein kleines Weilchen,
Bis mich das Liebchen abgepflückt
Und an dem Busen matt gedrückt,
Ach nur, ach nur
Ein Viertelstündchen lang!«

Ach! Aber ach! das Mädchen kam
Und nicht in acht das Veilchen nahm,
Ertrat das arme Veilchen.
Es sank und starb und freut' sich noch:
»Und sterb' ich denn, so sterb' ich doch
Durch sie, durch sie,
Zu ihren Füßen doch.«
Das arme Veilchen!
Es war ein herzigs Veilchen.

A violet stood in the meadow,
cowering and unseen;
it was a charming violet.
There came a young shepherdess,
with a light step and a cheerful heart
that way, that way,
along the meadow and sang.

"Ah," thinks the violet, "were I only
the most beautiful flower in nature,
ah, only for a little while,
until the sweetheart plucked me
and on her bosom pressed me flat,
ah only, ah only
for a quarter-hour!"

Ah! but alas! the girl came
and did not take notice of the violet,
trampled on the poor violet.
It sank and died, yet rejoiced for itself:
"And if I die, at least I die
because of her, because of her,
right at her feet."
The poor violet!
It was a charming violet.

Das   Veilchen
das   ˈfaͤel çən

Ein	Veilchen	auf	der	Wiese	stand,
aͤen	ˈfaͤel çən	aͦof	deːr	ˈviː zə	ʃtant

gebückt	in	sich	und	unbekannt;
ge ˈbʏkt	ɪn	zɪç	ʊnt	ˈʊn bə kant

es	war	ein	herzigs	Veilchen.
ɛs	vɑːr	aͤen	ˈhɛr tsɪçs	ˈfaͤel çən

Da	kam	ein'	junge	Schäferin
dɑː	kɑːm	aͤen	ˈjʊ ŋə	ˈʃɛː fə rɪn

mit	leichtem	Schritt	und	munterm	Sinn
mɪt	ˈlaͤeç təm	ʃrɪt	ʊnt	ˈmʊn tərm	zɪn

daher,	die	Wiese	her	und	sang.
da ˈheːr	di	ˈviː zə	heːr	ʊnt	zaŋ

» Ach, «	denkt	das	Veilchen,	» wär'	ich	nur
aχ	dɛnkt	das	ˈfaͤel çən	veːr	ɪç	nuːr

die	schönste	Blume	der	Natur,
di	ˈʃøːn stə	ˈbluː mə	deːʁ	na ˈtuːr

ach,	nur	ein	kleines	Weilchen,
aχ	nuːr	aͤen	ˈklaͤe nəs	ˈvaͤel çən

bis	mich	das	Liebchen	abgepflückt
bɪs	mɪç	das	ˈliːp çən	ˈap gə ˌpflʏkt

und	an	dem	Busen	matt	gedrückt,
ʊnt	an	deːm	ˈbuː zən	mat	gə ˈdrʏkt

ach	nur	ein	Viertelstündchen	lang! «
aχ	nuːr	aͤen	ˈfɪr təl ˌʃtʏt çən	laŋ

Ach!	Aber	ach!	das	Mädchen	kam
aχ	ˈɑː bəʁ	aχ	das	ˈmɛːt çən	kɑːm

und	nicht	in	acht	das	Veilchen	nahm,
ʊnt	nɪçt	ɪn	aχt	das	ˈfaͤel çən	nɑːm

ertrat	das	arme	Veilchen.
ɛʁ ˈtrɑːt	das	ˈar mə	ˈfaͤel çən

Es	sank	und	starb	und	freut'	sich	noch:
ɛs	zaŋk	ʊnt	ʃtarp	ʊnt	fraͦot	zɪç	nɔχ

» Und	sterb'	ich	denn,	so	sterb'	ich	doch
ʊnt	ʃtɛrb	ɪç	dɛn	zoː	ʃtɛrb	ɪç	dɔχ

durch	sie,	zu	ihren	Füßen	doch. «
dʊrç	ziː	tsu	ˈiː rən	ˈfyː sən	dɔχ

Das	arme	Veilchen!	Es	war	ein	herzigs	Veilchen.
das	ˈar mə	ˈfaͤel çən	ɛs	vɑːr	aͤen	ˈhɛr tsɪçs	ˈfaͤel çən

DAS VEILCHEN

Johann Wolfgang von Goethe
original key

Wolfgang Amadeus Mozart

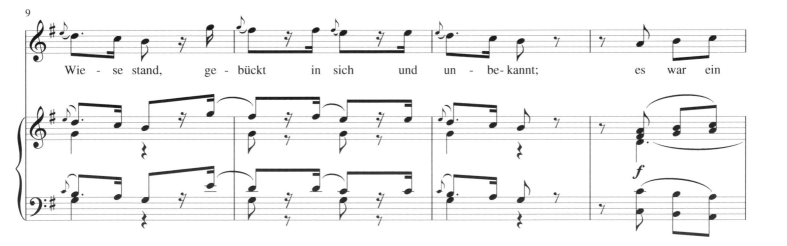

Ein Veil - chen auf der

Wie - se stand, ge - bückt in sich und un - be - kannt; es war ein

her - zigs Veil - chen. Da kam ein' jun - ge Schä - fe - rin mit

ein_ klei - nes Weil- chen, bis mich das Lieb - chen ab - ge-pflückt und

an dem Bu - sen matt ge - drückt, ach_ nur, ach_ nur ein

Vier - tel - stünd - chen lang!« Ach! A - ber

ach! das Mäd - chen kam und nicht in acht das Veil - chen

nahm, er trat das ar - me Veil - chen. Es sank und

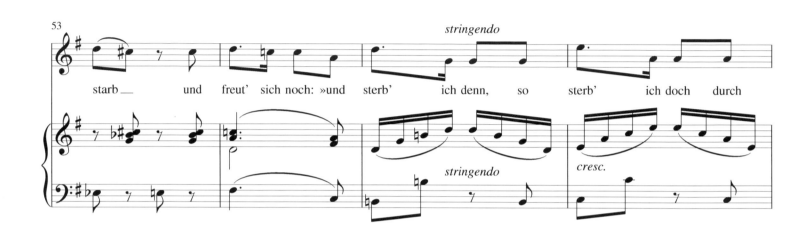

starb und freut' sich noch: »und sterb' ich denn, so sterb' ich doch durch

sie, durch sie, zu ih - ren Fü - - ßen doch.«

Das ar - me Veil - chen! Es war ein her - zigs Veil - chen.

Rastlose Liebe
Restless Love

music by Franz Schubert (1797-1828)
poem by Johann Wolfgang von Goethe (1749-1832)

<table>
<tr><td>

Dem Schnee, dem Regen,
Dem Wind entgegen,
Im Dampf der Klüfte,
Durch Nebeldüfte,
Immer zu, immer zu,
Ohne Rast und Ruh!

Lieber durch Leiden
Möcht' ich mich schlagen,
Als so viel Freuden
Des Lebens ertragen!
Alle das Neigen
Von Herzen zu Herzen,
Ach, wie so eigen
Schaffet das Schmerzen!

Wie soll ich fliehn?
Wälderwärts ziehn!
Alles vergebens!
Krone des Lebens,
Glück ohne Ruh,
Liebe, bist du!

</td><td>

Against the snow, the rain,
the wind,
in the mist of the ravines,
through foggy vapors,
ever onward, ever onward,
without repose or rest!

Rather through suffering
would I fight my way.
than to bear
so much of life's joy!
All the inclining
of heart to heart-
ah, how it in its own way
creates pain!

How shall I flee?
Go toward the forest?
All in vain!
Crown of life,
happiness without rest,
love, are you!

</td></tr>
</table>

Rastlose   Liebe
ˈrast loː zə   ˈliː bə

Dem   Schnee,   dem   Regen,   dem   Wind   entgegen,
dem   ʃneː   dem   ˈreː gən   dem   vɪnt   ɛnt ˈgeː gən

im   Dampf   der   Klüfte,   durch   Nebeldüfte,
ɪm   dampf   deːʁ   ˈklʏf tə   dʊrç   ˈneː bəl ˌdʏf tə

immer   zu,   ohne   Rast   und   Ruh!
ˈɪ mʁ   tsu: ˈoː nə   rast   ʊnt   ruː

Lieber   durch   Leiden   möcht'   ich   mich   schlagen,
ˈliː bəʁ dʊrç   ˈlae dən   mœçt   ɪç   mɪç   ˈʃlɑː gən

als   so   viel   Freuden   des   Lebens   ertragen!
als   zoː   fiːl   ˈfrɔø dən   dɛs   ˈleː bəns   ɛr ˈtrɑː gən

Alle   das   Neigen   von   Herzen   zu   Herzen,
ˈa lə   das   ˈnae gən   fɔn   ˈhɛr tsən tsu: ˈhɛr tsən

ach,   wie   so   eigen   schaffet   das   Schmerzen!
aχ   viː   zoː   ˈae gən   ˈʃa fət   das   ˈʃmɛr tsən

Wie   soll   ich   fliehn?   Wälderwärts   ziehn!
viː   zɔl   ɪç   fliːn   ˈvɛl dəʁ vɛrts   tsiːn

Alles   vergebens!   Krone   des   Lebens,
ˈa ləs   fɛʁ ˈgeː bəns   ˈkroː ne   des   ˈleː bəns

Glück   ohne   Ruh,   Liebe,   bist   du,
glʏk   ˈoː nə   ruː   ˈliː bə   bɪst   duː

o   Liebe,   bist   du!
oː   ˈliː bə   bɪst   duː

RASTLOSE LIEBE

Johann Wolfgang von Goethe
original keys: E major and D major from two autograph sources

Franz Schubert

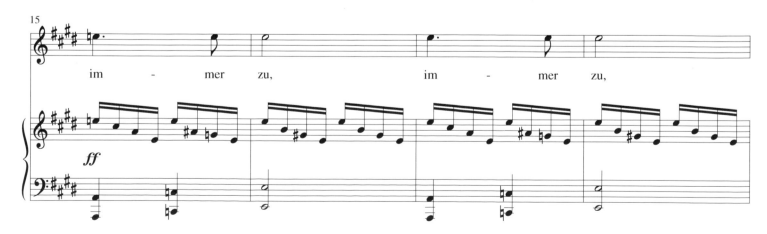

Her - zen, ach, wie so ei - gen schaf - fet das

Schmer - zen! Wie soll ich fliehn? Wäl - der - wärts

ziehn! Al - les, al - les ver -

ge - bens! Kro - ne des

Le - bens, Glück oh - ne Ruh, Lie - be, bist du, o

Lie - be, bist du. Glück oh - ne Ruh,_____ Lie - be, bist

du,_____ Kro - ne des Le - bens, Glück oh - ne Ruh,

Lie - be, bist du, o Lie - be, bist du, o Lie -

be, _____

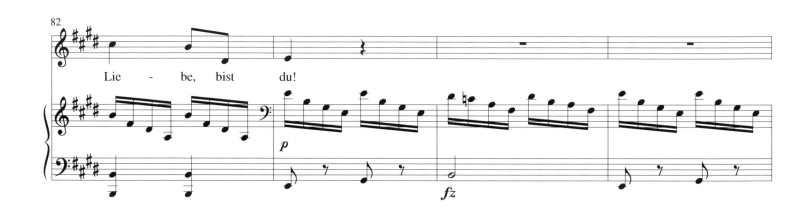

Lie - be, bist du!

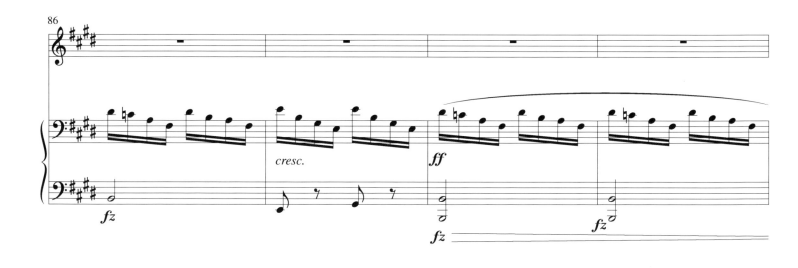

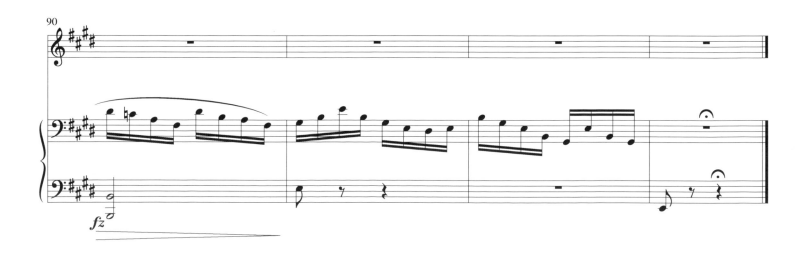

Abendstern
Evening Star

music by Franz Schubert (1797-1828)
poem by Johann Baptist Mayrhofer (1787-1836)

Was weilst du einsam an dem Himmel,	*Why stay you alone in the heaven,*
O schöner Stern? und bist so mild;	*oh beautiful star? And you are so gentle—*
Warum entfernt das funkelnde Gewimmel	*why distances the sparkling multitude*
Der Brüder sich von deinem Bild?	*of brothers from your visage?*
»Ich bin der Liebe treuer Stern,	*"I am the true star of love;*
Sie halten sich von Liebe fern.«	*they keep themselves distant from love."*
So solltest du zu ihnen gehen,	*Then you should go to them,*
Bist du der Liebe, zaudre nicht!	*if you are love; delay not!*
Wer möchte denn dir widerstehen?	*Who would want, then, to resist you?*
Du süßes, eigensinnig Licht.	*You sweet, headstrong light!*
»Ich säe, schaue keinen Keim,	*"I sow, behold no sprout,*
Und bleibe trauernd still daheim.«	*and remain, mourning silently, here."*

Abendstern
'ɑː bɛnt ˌʃtɛrn

Was	weilst	du	einsam	an	dem	Himmel,
vas	va͜elst	duː	'a͜en zɑːm	an	dem	'hɪ məl

o	schöner	Stern?	und	bist	so	mild;
oː	'ʃø nɐ	ʃtɛrn	ʊnt	bɪst	zoː	mɪlt

warum	entfernt	das	funkelnde	Gewimmel
va 'rʊm	ɛnt 'fɛrnt	das	'fʊŋ kəl də	gə 'vɪ məl

der	Brüder	sich	von	deinem	Bild?
deːʁ	'bryː dər	zɪç	fɔn	'da͜e nəm	bɪlt

»Ich	bin	der	Liebe	treuer	Stern,
ɪç	bɪn	deːʁ	'liː bə	'trɔ͜ø ər	ʃtɛrn

sie	halten	sich	von	Liebe	fern. «
ziː	'hal tən	zɪç	fɔn	'liː bə	fɛrn

So	solltest	du	zu	ihnen	gehen,
zoː	'zɔl təst	duː	tsuː	'iː nən	'geː ən

bist	du	der	Liebe,	zaudre	nicht!
bɪst	duː	deːʁ	'liː bə	'tsa͜o drə	nɪçt

Wer	möchte	denn	dir	widerstehen?
veːr	'mœç tə	dɛn	diːr	'viː dər ˌʃteː ən

Du	süßes,	eigensinnig	Licht.
duː	'zyː səs	'a͜e gən ˌzɪn ɪç	lɪçt

»Ich	säe,	schaue	keinen	Keim,
ɪç	'zeː ə	'ʃa͜o ə	'ka͜e nən	ka͜em

und	bleibe	trauernd	still	daheim. «
ʊnt	'bla͜e bə	'tra͜o ərnt	ʃtɪl	da 'ha͜em

ABENDSTERN

Johann Baptist Mayrhofer
original key

Franz Schubert

SELIGKEIT

Ludwig Christoph Heinrich Hölty
original key

Franz Schubert

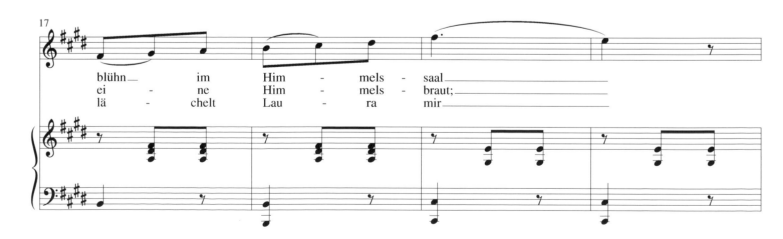

The English and IPA translations appear on page 38.

Seligkeit
Bliss

music by Franz Schubert (1797-1828)
poem by Ludwig Christoph Heinrich Hölty (1748-1776)

Freuden sonder Zahl	*Joys without number*
Blühn im Himmelssaal	*bloom in heaven's hall*
Engeln und Verklärten,	*for angels and transfigured ones,*
Wie die Väter lehrten.	*as our fathers taught.*
O da möcht ich sein,	*Oh, there should I like to be,*
Und mich ewig freun!	*and forever rejoice!*
Jedem lächelt traut	*Upon everyone smiles intimately*
Eine Himmelsbraut;	*a heavenly bride;*
Harf und Psalter klinget,	*harp and psalter sound,*
Und man tanzt und singet.	*and one dances and sings.*
O da möcht ich sein,	*Oh, there should I like to be,*
Und mich ewig freun!	*and forever rejoice!*
Lieber bleib ich hier,	*Rather will I stay here,*
Lächelt Laura mir	*if Laura smiles upon me*
Einen Blick, der saget,	*a glance which says*
Dass ich ausgeklaget.	*that I've been freed from complaining.*
Selig dann mit ihr,	*Blissful then with her*
Bleib ich ewig hier!	*will I remain forever here!*

Seligkeit
ˈzeː lɪç ka͡et

Freuden	sonder	Zahl	blühn	im	Himmelssaal
ˈfrɔ͡ø dən	ˈzɔn dər	tsɑːl	blyːn	ɪm	ˈhɪm əls ˌzɑːl

Engeln	und	Verklärten,	wie	die	Väter	lehrten.
ˈɛ ŋəln	ʊnt	fɛr ˈklɛːr tən	viː	di	ˈfɛː təʁ	ˈleːr tən

O	da	möcht	ich	sein,	und	mich	ewig	freun!
oː	dɑː	mœçt	ɪç	za͡en	ʊnt	mɪç	ˈeː vɪç	frɔ͡øn

Jedem	lächelt	traut	eine	Himmelsbraut;
ˈjeː dəm	ˈlɛ çəlt	tra͡ot	ˈa͡e nə	ˈhɪ mels ˌbra͡ot

Harf	und	Psalter	klinget,	und	man	tanzt	und	singet.
harf	ʊnt	ˈpsal tər	ˈklɪ ŋət	ʊnt	man	tanst	ʊnt	ˈzɪ ŋət

O	da	möcht	ich	sein,	und	mich	ewig	freun!
oː	dɑː	mœçt	ɪç	za͡en	ʊnt	mɪç	ˈeː vɪç	frɔ͡øn

Lieber	bleib ich	hier,	lächelt	Laura	mir
ˈliː bər	bla͡eb ɪç	hiːr	ˈlɛ çəlt	ˈla͡o ra	miːr

einen	Blick,	der	saget,	dass	ich	ausgeklaget.
ˈa͡e nən	blɪk	deːr	ˈzɑː gət	das	ɪç	ˈa͡os gə ˌklɑː gət

Selig	dann	mit	ihr,	bleib ich	ewig	hier!
ˈzeː lɪç	dan	mɪt	iːr	bla͡eb ɪç	ˈeː vɪç	hiːr

Die Lotosblume
The Lotus Flower

music by Robert Schumann (1810-1856)
poem by Heinrich Heine (1797-1856)

Die Lotosblume ängstigt
Sich vor der Sonne Pracht,
Und mit gesenktem Haupte
Erwartet sie träumend die Nacht.

Der Mond, der ist ihr Buhle,
Er weckt sie mit seinem Licht,
Und ihm entschleiert sie freundlich
Ihr frommes Blumengesicht.

Sie blüht und glüht und leuchtet,
Und starret stumm in die Höh';
Sie duftet und weinet und zittert
Vor Liebe und Liebesweh'.

The lotus flower is afraid
of the sun's splendor,
and with bowed head,
dreaming, she awaits the night.

The moon, he is her lover;
he wakes her with his light,
and to him she happily unveils
her innocent flower face.

She blooms and glows and gleams,
and gazes silently upward;
she sends forth her fragrance and weeps and trembles
with love and love's pain.

Die   Lotosblume
di   'loː tɔs ˌbluː mə

Die   Lotosblume   ängstigt
di   'loː tɔs ˌbluː mə   'ɛŋ stɪçt

sich   vor   der   Sonne   Pracht,
sɪç   foːʁ   deːr   'zɔ nə   praχt

und   mit   gesenktem   Haupte
ʊnt   mɪt   gə 'zɛŋk təm   'h͡aop tə

erwartet   sie   träumend   die   Nacht.
ɛr 'war tət   ziː   'tr͡ɔø mənt   di   naχt

Der   Mond,   der   ist   ihr   Buhle,
deʁ   moːnt   deːr   ɪst   iːr   'buː lə

er   weckt   sie   mit   seinem   Licht,
eːr   vɛkt   ziː   mɪt   'z͡ae nəm   lɪçt

und   ihm   entschleiert   sie   freundlich
ʊnt   iːm   ɛnt 'ʃl͡ae əʁt   ziː   'fr͡ɔøt lɪç

ihr   frommes   Blumengesicht.
iːr   'frɔ məs   'bluː mən gə ˌzɪçt

Sie   blüht   und   glüht   und   leuchtet,
ziː   blyːt   ʊnt   glyːt   ʊnt   'l͡ɔøç tət

und   starret   stumm   in   die   Höh';
ʊnt   'ʃta rət   ʃtʊm   ɪn   di   høː

sie   duftet   und   weinet   und   zittert
ziː   'dʊf tət   ʊnt   'v͡ae nət   ʊnt   'tsɪ təʁt

vor   Liebe   und   Liebesweh'.
foːr   'liː bə   ʊnt   'liː bəs ˌveː

DIE LOTOSBLUME

Heinrich Heine
original key

Robert Schumann

In der Fremde
In a Foreign Land

music by Robert Schumann (1810-1856)
poem by Joseph von Eichendorff (1788-1857)

Aus der Heimat hinter den Blitzen rot
Da kommen die Wolken her.
Aber Vater und Mutter sind lange tot,
Es kennt mich dort keiner mehr.

Wie bald, ach wie bald kommt die stille Zeit,
Da ruhe ich auch, und über mir
Rauscht die schöne Waldeinsamkeit,
Und keiner kennt mich mehr hier.

From my homeland beyond the red lightning
the clouds come rolling in.
But father and mother are long since dead,
and no one knows me there anymore.

How soon, ah, how soon will come that quiet time
when I too shall rest, and above me
shall rustle the lovely solitude of the woods,
and no one here will remember me anymore.

In	**der**	**Fremde**
ɪn	deːr	ˈfrɛm də

Aus	der	Heimat	hinter	den	Blitzen	rot
a͡os	deːr	ˈha͡e mɑːt	ˈhɪn tər	den	ˈblɪ tsən	roːt

da	kommen	die	Wolken	her.
dɑː	ˈkɔ mən	di	ˈvɔl kən	heːr

Aber	Vater	und	Mutter	sind	lange	tot,
ˈɑː bəʁ	ˈfɑː tər	ʊnt	ˈmʊ tər	zɪnt	ˈla ŋə	toːt

es	kennt	mich	dort	keiner	mehr.
ɛs	kɛnt	mɪç	dɔrt	ˈka͡e nər	meːr

Wie	bald,	ach	wie	bald	kommt	die	stille	Zeit,
viː	balt	aχ	viː	balt	kɔmt	di	ˈʃtɪ lə	tsa͡et

da	ruhe	ich	auch,	und	über	mir
dɑː	ˈruː ə	ɪç	a͡oχ	ʊnt	ˈyː bəʁ	miːr

rauscht	die	schöne	Waldeinsamkeit,
ra͡oʃt	di	ˈʃøː nə	ˈwalt ˌa͡en zɑːm ka͡et

und	keiner	kennt	mich	mehr	hier.
ʊnt	ˈka͡e nər	kɛnt	mɪç	meːr	hiːr

IN DER FREMDE

Joseph von Eichendorff
(original key)

Robert Schumann

Aus der Hei - mat hin - ter den Bli - tzen rot da kom - men die Wol - ken her. A - ber Va - ter und Mut - ter sind lan - ge tot, es kennt mich dort kei - ner mehr. Wie

keit,_____ die schö - - ne Wald - ein - sam -

keit, und kei - - ner kennt mich mehr

hier, und kei - ner kennt mich mehr hier.

Liebst du um Schönheit
If You Love for Beauty

music by Clara Wieck Schumann (1819-1896)
poem by Friedrich Rückert (1788-1866)

Liebst du um Schönheit, o nicht mich liebe!
Liebe die Sonne, sie trägt ein goldnes Haar!
Liebst du um Jugend, o nicht mich liebe!
Liebe den Frühling, der jung ist jedes Jahr!
Liebst du um Schätze, o nicht mich liebe!
Liebe die Meerfrau, sie hat viel Perlen klar!
Liebst du um Liebe, o ja mich liebe!
Liebe mich immer, dich lieb' ich immerdar!

If you love for beauty, then do not love me!
Love the sun, with its golden hair!
If you love for youth, then do not love me!
Love the spring, which is young every year!
If you love for treasure, then do not love me!
Love the mermaid, who has many shining pearls!
If you love for love, oh then love me!
Love me always, as I will always love you!

Liebst	**du**	**um**	**Schönheit**
liːpst	duː	ʊm	ˈʃøːn ha͜et

Liebst	du	um	Schönheit,	o	nicht	mich	liebe!
liːpst	duː	ʊm	ˈʃøːn ha͜et	oː	nɪçt	mɪç	ˈliː bə

Liebe	die	Sonne,	sie	trägt	ein	goldnes	Haar!
ˈliː bə	di	ˈzɔ nə	ziː	trɛːkt	a͜en	ˈgɔld nəs	haːr

Liebst	du	um	Jugend,	o	nicht	mich	liebe!
liːpst	duː	ʊm	ˈjuː gənt	oː	nɪçt	mɪç	ˈliː bə

Liebe	den	Frühling,	der	jung	ist	jedes	Jahr!
ˈliː bə	den	ˈfryː lɪŋ	deːʁ	jʊŋ	ɪst	ˈjeː dəs	jaːr

Liebst	du	um	Schätze,	o	nicht	mich	liebe!
liːpst	duː	ʊm	ˈʃɛt sə	oː	nɪçt	mɪç	ˈliː bə

Liebe	die	Meerfrau,	sie	hat	viel	Perlen	klar!
ˈliː bə	di	ˈmeːr fra͜o	ziː	hat	fiːl	ˈpɛr lən	klaːr

Liebst	du	um	Liebe,	o	ja	mich	liebe!
liːpst	duː	ʊm	ˈliː bə	oː	jaː	mɪç	ˈliː bə

Liebe	mich	immer,	dich	lieb' ich	immerdar!
ˈliː bə	mɪç	ˈɪ mər	dɪç	liːb ɪç	ˈɪ mər daːr

LIEBST DU UM SCHÖNHEIT

Friedrich Rückert
original key: D-flat major

Clara Wieck Schumann

BREIT' ÜBER MEIN HAUPT

Adolph Friedrich von Schack
original key

Richard Strauss

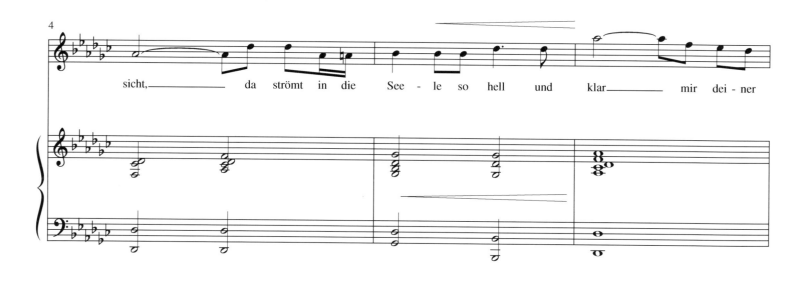

The English and IPA translations appear on page 52.

Pracht, noch der Ster - ne leuch - ten - den Kranz,_____ ich will_ nur

dei - ner Lo - cken Nacht, und_ dei - ner Bli - cke

Glanz.

Breit' über mein Haupt
Spread out over my head

music by Richard Strauss (1864-1949)
poem by Adolph Friedrich von Schack (1815-1894)

Breit' über mein Haupt dein schwarzes Haar,
Neig' zu mir dein Angesicht,
Da strömt in die Seele so hell und klar
Mir deiner Augen Licht.
Ich will nicht droben der Sonne Pracht,
Noch der Sterne leuchtenden Kranz,
Ich will nur deiner Locken Nacht,
Und deiner Blicke Glanz.

Spread over my head your black hair,
draw your face closer to me,
there flows into my soul so bright and clear
your eyes' light.
I do not wish for the sun's magnificence above,
nor even the stars' shining garland,
I wish only for the night of your locks,
and the light of your eyes.

Breit'	**über**	**mein**	**Haupt**
braet	'y: beʁ	maen	haopt

Breit'	über	mein	Haupt	dein	schwarzes	Haar,
braet	'y: beʁ	maen	haopt	daen	'ʃvar tsəs	haːr

neig'	zu	mir	dein	Angesicht,
naek	tsu:	miːr	daen	'aŋ gə zɪçt

da	strömt	in	die	Seele	so	hell	und	klar
da:	ʃtrœmt	ɪn	di	'ze: lə	zo:	hɛl	ʊnt	klɑːr

mir	deiner	Augen	Licht.
miːr	'dae nər	'ao gən	lɪçt

Ich	will	nicht	droben	der	Sonne	Pracht,
ɪç	vɪl	nɪçt	'dro: bən	deːʁ	'zɔ nə	praχt

noch	der	Sterne	leuchtenden	Kranz,
nɔχ	deːʁ	'ʃter nə	'lɔoç tən dən	krants

ich	will	nur	deiner	Locken	Nacht,
ɪç	vɪl	nuːr	'dae nər	'lɔ kən	naχt

und	deiner	Blicke	Glanz.
ʊnt	'dae nər	'blɪ kə	glants